par Racine

AU ROY

ENTRANT A PARIS

A SON RETOUR DE METZ.

L'ARDEUR de mes defirs n'aura donc plus befoin *La Ville parle.*
De ces * Courriers fi lents, attendus de fi loin.
Il arrive ; il approche, & je le vois paraître :
Oüi c'eft à fes genoux que je parle à mon Maître.
Ah ! que tu m'as coûté de foupirs & de pleurs !

PARDONNE au fouvenir de mes longues douleurs,
Si tu vois dans un jour pour moi fi plein de charmes,
Mes yeux encor mouillés par un refte de larmes :
Quoiqu'une vive joie eût arrêté leur cours,
Quoique tranquille enfin, je foupirois toujours.
Non, toute ma vigueur ne m'étoit point rendue ;

---

* On avoit établi entre Paris & Metz une chaîne de Courriers pour fatisfaire, autant qu'il étoit poffible, un peuple impatient d'apprendre des nouvelles de la fanté du Roi.

Mais tes heureux rayons qui brillent à ma vûe,
Font tout-à-coup fur moi ce que fait le Printems
Sur un champ que l'hyver a défolé long-tems.

Je t'aimois, tu le fçais, dès ta plus tendre enfance :
Tu me récompenfois de ma perfévérance
Lorfque j'ai cru te perdre. Hélas ! qu'un bien perdu
Devient plus cher encor quand il nous eft rendu !
Je te revois : que dis-je ? à mon impatience
Tu reviens par tendreffe accorder ta préfence :
Dans mes murs c'eft l'amour qui ramene mon Roi.
Ah ! de tant de Cités la reine c'eft donc moi.
La Ville qu'il cherit, oüi, j'ai droit de le croire,
C'eft moi. Contemplez tous celui qui fait ma gloire ;
Accourez, Citoyens...... mais ils vont l'entourer ;
Jufques à fon Palais pourra-t'il pénétrer ?

O mon Roy, cette foule eft ta Cour la plus belle :
Et quelle ambition, quel intérêt l'appelle ?
De graces, de fortune, a-t'elle quelque efpoir ?
Elle n'attend de Toi que le bien de te voir.
Goûte, en perçant ces flots, le plaifir véritable.
Ta garde n'eft ici qu'un cortége honorable,
Pompe que ta grandeur doit toujours t'attacher :
Mais l'amour eft ta garde, & tu ne peux marcher
Qu'environné des cœurs d'un Peuple qui t'adore,
Dont le bonheur t'occupe, & t'occupoit encore,
Dans quel inftant ? la mort te prenoit dans fes bras,
Et tu difois à Dieu, * *Ne me laiffe ici bas*

* Paroles que M. l'Evêque de Soiffons, premier aumônier, nous a confervées *comme dépofitaire*, nous dit-il, dans fon Mandement pour le *TE DEVM* fur la Convalefcence du Roi.

Qu'autant qu'à mes Sujets mes jours seront utiles.
Tu le disois, levant au Ciel des yeux tranquilles.
Dans ce moment, ce Dieu s'attendrissant pour nous,
Voulut nous épargner. Hélas ! que son courroux,
Si par ce coup terrible il eût puni nos crimes,
Sur une seule tête eût frappé de victimes !

LE Ciel connoît pour nous ta tendresse & tes soins,
Et s'il veut mesurer ta vie à nos besoins,
Qu'ils dureront ces jours dont les nôtres dépendent !
Viens éclairer enfin nos Fêtes qui t'attendent,
Et qui vont préceder celle de l'heureux jour,
Où ce Fils qui partage avec Toi tant d'amour,
Doit attacher aux nœuds d'un auguste Hymenée
Ta joie & son bonheur, & notre destinée.
Que des Fêtes de Paix y puissent succeder.
Mais hélas ! est-ce à Toi qu'il faut les demander !
En vain des Conquérans te montrant la carriere,
La Victoire t'y suit, & t'ouvre la barriere :
En vain déja ton nom porte par tout l'effroi,
Et d'orgueilleux remparts s'écroulent devant Toi.
Quand tes braves guerriers, prodigues de leur vie,
Courent verser leur sang, ton ame est attendrie.
C'est à Toi qu'il est cher, & le moins précieux,
Lorsqu'il coule, est le sang de ton Peuple à tes yeux.

GRAND Roi, tu fermeras les portes de la Guerre.
Le Ciel qui nous protége en Toi, veut qu'à la terre,
Par ses heureux exploits & ses douces vertus,
LOUIS LE BIEN AIME' rende Auguste & Titus.

Prince, tout fe conforme à l'exemple du Maître :
La bonté, la douceur parmi nous vont renaître :
Nos mœurs pures feront notre félicité :
On y verra briller la candeur, l'équité,
L'amour & le refpect qu'on doit à la Puiffance.
Ah ! fervir ce qu'on aime, eft-ce une obeiffance ?
Sous un Roi citoyen, tout citoyen eft Roi.

QUE ce lien fi rare entre le Peuple & Toi,
A nos voifins jaloux rend ton regne admirable,
Et qu'à tes ennemis tu deviens redoutable !
Quels fecours pourront-ils t'oppofer aujourd'hui ?
Eft-ce dans leurs tréfors qu'ils mettront leur appui ?
Qu'ils connoiffent les tiens. Nous t'aimons, tu nous aimes :
Du Pere & des Enfans les tréfors font les mêmes.
De nouveaux vagabonds à grands frais appellés
Pour foldats contre Toi feront-ils raffemblés ?
Repofe-Toi fur ceux que tant d'ardeur dévore.
Ou, fi la foudre en main, tu veux partir encore,
Pour marcher avec Toi, nous ferons tous foldats.
Souverain de nos cœurs, difpofe de nos bras.

POUR repeter ces mots combien de voix s'élevent !
Quels tranfports ! Je m'arrête, & tes Peuples achevent.

Permis d'imprimer A Paris le 22. Octobre 1744.

De l'Imprimerie de J. B. COIGNARD, Imprimeur du Roi. 1744.